松下幸之助の未来経済リーディング

消費税増税と日本経済

大川隆法
RYUHO OKAWA

まえがき

今回の消費税増税法案が、国会を通って成立する八月十日午前に、成立を見越して、「経営の神様」から、「未来経済リーディング」、つまり「未来経済予測」をたまわった。

松下幸之助氏からの啓示《けいじ》による本は、これで三冊目になるが、下手《へた》な経済学者にお伺《うかが》いをたてるよりも、この人に教えてもらったほうが、実体経済は良くわかるだろう。

単純に言えば、「赤字になりましたので、商品の値上げをして売上を増やします。」といったところで、顧客は離れ、企業は潰《つぶ》れるということだ。

政府の行政サービスは少しも向上していないのに、民間企業よりはるかに高い公務員賃金体系のままで、増税を決行しても、「お上《かみ》のほうが偉い」という意識のみが残るだろう。

大学の友人たちが続々、財務省の局長に昇格していく時に、「祝辞《しゅくじ》」に替《か》えて「苦言《くげん》」を呈《てい》するのは、私も心苦しいが、「『国家の貸借対照表《たいしゃくたいしょうひょう》』を作れない君たちに、経済予測はできまへんで。」と松下氏流に言いたくなる今日《きょう》この頃である。

二〇一二年　八月十六日

幸福《こうふく》の科学《かがく》グループ創始者兼総裁《そうししゃけんそうさい》　大川隆法《おおかわりゅうほう》

松下幸之助の未来経済リーディング　目次

まえがき　1

松下幸之助《まつしたこうのすけ》の未来経済リーディング

――消費税増税と日本経済――

二〇一二年八月十日　松下幸之助の霊示《れいじ》

幸福の科学「奥《おく》の院精舎《いんしょうじゃ》」にて

7　「日本が生き延びる方法」とは　112

「霊言現象《れいげんげんしょう》」とは、あの世の霊存在の言葉を語り下ろす現象のことをいう。これは高度な悟《さと》りを開いた者に特有のものであり、「霊媒現象《れいばいげんしょう》」（トランス状態になって意識を失い、霊が一方的にしゃべる現象）とは異なる。

なお、「霊言」は、あくまでも霊人の意見であり、幸福の科学グループとしての見解と矛盾《むじゅん》する内容を含《ふく》む場合がある点、付記しておきたい。

松下幸之助の未来経済リーディング

――消費税増税と日本経済――

二〇一二年八月十日　松下幸之助の霊示

幸福の科学「奥の院精舎」にて

松下幸之助《まつしたこうのすけ》（一八九四～一九八九）

松下電器産業（現パナソニック）の創業者。松下政経塾《じゅく》の創立者で初代塾長。菩薩界《ぼさつかい》最上段階の霊人《れいじん》で、過去、「ルカによる福音書《ふくいんしょ》」の作者とされるルカや豪商《ごうしょう》・紀伊国屋文左衛門《きのくにやぶんざえもん》としても転生《てんしょう》している。以前の霊言《れいげん》が『松下幸之助 日本を叱《しか》る』（幸福の科学出版刊）『沈《しず》みゆく日本をどう救うか』（幸福実現党刊）として刊行されている。

質問者

A（四十代・男性）

B（二十代・女性）

C（三十代・男性）

D（二十代学生・女性）

1　松下幸之助霊《れい》に「増税後の経済見通し」を訊《き》く

パナソニックで進む〝松下家離《ばな》れ〟

大川隆法　本日は、突然《とつぜん》ではありますが、松下幸之助さんの霊《れい》をお呼びして、ご意見を伺《うかが》ってみたいと考えています。

政府は、国会が夏休みに入る前に、自民党・民主党・公明党の三党合意により、八月十日の今日、消費税増税法案を通すつもりのようです。本来ならば、法案が通ったのを見てから、霊言《れいげん》の収録をするべきなのでしょうが、こういうものは早ければ早いほどよいと思います（本霊言を収録後の同日午後、参議院本会議で法案が可決された)。このように、日本にとって大事な論点を、一つひとつ片付けていきたいと考えています。

私は、消費税の増税については「反対」の立場で、過去二、三年間に数多くの本を出してきたのですが、今回、野田首相が「政治生命を懸《か》けて法案を通す」とのことですから、残念ながら、〝弾《たま》〟は届かなかったようです。

松下幸之助さんには、昨年、野田首相の就任時にもご意見を伺ったことがありますが、「あいつの言っていることは、わしの『無税国家論』と話が違《ちが》う」と語っていたので、さっそく霊言を書籍《しょせき》化しました(『沈《しず》みゆく日本をどう救うか』参照)。同書をもとに、国会で首相に質問をしたPHP系の議員もいたようです。

一方、その幸之助さんの霊言の広告を新聞に掲載《けいさい》しようとしたところ、大手新聞社から、「載《の》せられない」と拒否《きょひ》されたこともありました。これは、企業《きぎょう》側からの要請《ようせい》だったようで、「遺族の感情を害するので」という理由もあったようですが、「広告の出稿《しゅっこう》を引き揚《あ》げるぞ」といった圧力をかけられていた可能性があります。私としては、悪意があって霊言を公開しているわけではなく、そのように言われる筋合いはありません。

パナソニックという会社は、今、〝松下家離《ばな》れ〟をしようと、一生懸命《いっしょうけんめい》に組織改革に取り組んでいるようです。そのなかで、幸之助さんが実践《じっせん》された経営理念などを壊《こわ》しにかかり、リストラもどんどん行っていて、創業者の精神から離れようとしていると思われます。

前代未聞《みもん》のやり方で増税法案を通す野田政権の怖《こわ》さ

大川隆法　また、松下政経塾《じゅく》も、第一期生を総理大臣にしたところまではよかったのですが、第一期生の段階から、すでに幸之助思想とは違う路線で走り始めているところがあると思います。

このあたりについては、天上界《てんじょうかい》の幸之助さんにも、おそらく、無念な気持ちが、多少、おありなのではないでしょうか。

そういうことをさておいても、日本政府は、ヨーロッパ経済等の情勢を見ながら、今の時期に、実際の消費税増税に踏《ふ》み切ろうとしています。

今年は二〇一二年ですが、「二〇一四年の春ごろには、消費税率を、現状の五パーセントから八パーセントに上げ、その一年半後には、さらに十パーセントに上げる」という、二段階での税率引き上げ法案を通そうとしているわけです。

過去を見ても、このような法案を一気に通してしまうということは、非常に強力な政権でないかぎり、まず考えられないことです。

かつて、竹下政権では、消費税三パーセントを施行《しこう》して、すぐに退陣《たいじん》となりました。また、五年近く政権を維持《いじ》した中曽根《なかそね》氏でも、「売上税《うりあげ》」（消費税の前身に相当する間接税の一種）を導入することができなかったほどです。

そのように考えると、先々のことに対して責任が取れない状況《じょうきょう》であるにもかかわらず、今、二年後、三年後の増税まで押《お》し切って決めてしまおうとしている野田政権は、ある意味で、ちょっと考えられないほど、非常に怖《こわ》い政権です。

こうしたことが、二〇〇九年の「政権交代」後の民主党政権下で起きようとしているのです。

この状況を松下幸之助さんはどのように思われているのか、気になるところです。また、個人の考えや、松下電器、パナソニックにかかわることだけでなく、日本経済全体を見渡《みわた》しての参考意見もお伺いしたいと思います。

もし、幸之助さんの意見が聴《き》けるのであれば、会社経営をしている人たちなどの経済人は、やはり、「藁《わら》にもすがる」感じで、何でも聴きたいことでしょう。この方は、「消費税増税の結果、日本経済がどのようになっていくのか」といったことを訊《き》くべき人の一人かと思うのです。

さらに、現政権の首相との絡《から》みもありますので、幸之助さんも、そのあたりのところを話したいことでしょう。

一切《いっさい》の利害を超《こ》えて「霊言《れいげん》」を世に問い続けたい

大川隆法　これから収録する霊言《れいげん》を書籍化した場合には、新聞に広告を載せないように、また、どこかの筋から圧力がかかってくるかもしれません。しかし、私は、「やはり、言論の自由は守らなければいけないし、民主主義政治も守らなければいけない」と思っています。「まさか、国家総動員法的に、ナチスのようなことをするつもりではないでしょうね」という気持ちもあります。

それから、「霊言」というものをなかなか信じない方もいるかもしれませんが、私は、ここ二年半余りで、すでに百冊以上の霊言集を出しています。そのように、「霊言を出し続けられる」ということ自体が、一つの霊界証明だと思うのです。

例えば、過去の時代の大名の霊を招霊し、現代の消費税の問題について訊いても、それには答えられないでしょう。そのように、やはり、「それぞれのテーマに合った霊人がいる」ということだと思うのです。

そのようなわけで、あの世の証明は、難しい仕事ではありますが、私は、それに一つひとつ取り組んでいこうと考えています。

「あの世を信じている人が三割程度しかいない」という現状では、日本人の大多数はなかなか信じてくれないとは思います。ただ、私は、〝トーキング・ストレート〟、〝フランクリー・スピーキング〟（率直に語る）という立場で、ずっと一貫《いっかん》して述べてきています。取り柄《え》としては、その程度しかありませんから、利害にかかわらず、言いたいことはできるだけ言いたいと思うのです。

もちろん、反対側の意見もあるでしょうけれども、「天上界にいる経済界の巨人《きょじん》で、少しは先が見えると思われる方が、今、どのように思っておられるのか」ということを確認《かくにん》してみたいと思います。

今まで、増税に賛成する霊人が出てきたことはないのですが、単に幸福の科学支援《しえん》霊団にいないだけかもしれません（笑）。もしかしたら、〝官界《かんかい》霊団〟にはいるのかもしれませんが、今のところ、いないのです。

したがって、一方的に見えるかもしれませんけれども、松下幸之助さんの霊をお呼びして、いろいろと訊いてみたいと思います。

（質問者に）今日は、少しラフな感じで行こうと思っています。

「ばかだ」と思われるような質問でも結構ですが、できたら、経済人だけでなく、主婦のみなさんにも分かるレベルまで話を広げられたらありがたいと考えています。
前置きは、以上です。
それでは、「経営の神様」と言われる松下幸之助さんの霊をお呼びしたいと思います。

（合掌《がっしょう》し、瞑目《めいもく》する）

松下幸之助さん、本日、消費税増税法案が通りそうですが、どうか、ご降臨たまいて、国民の多くの疑問や心配等に答えてくださいますよう、心よりお願い申し上げます。
松下幸之助の霊、流れ入《い》る、流れ入る、流れ入る、流れ入る、流れ入る……。

（約十秒間の沈黙《ちんもく》）

2　今回の「消費税増税」の背景について

松下政経塾《じゅく》卒業生が「無税国家論」を軽視した理由

松下幸之助　ああ……。

A——　おはようございます。

松下幸之助　ＰＨＰに出ないで、よそばかりに出てるから、なんか、怒《おこ》られとるのかなあ。

A――　いえいえ、そのようなことはないと思います。

松下幸之助　ええ？

A――　本日は、本当にありがとうございます。松下幸之助先生の霊言《れいげん》は、世の中を大いに動かしているのではないかと思われます。

松下幸之助　うーん。

A――　野田総理は、松下政経塾《じゅく》で無税国家論を学んでいるはずですが、幸之助先生に反旗を翻《ひるがえ》すかのように、今、消費税増税に関する法案を通そうとしているところでございます。

松下幸之助　うん。

A――　経済界においても、例えば、経団連は、大きな声を上げておりません。おそらく、「消費税増税に賛成だ」ということなのかと思います。

松下幸之助　うーん。

Ａ――　なぜ、今、この増税について、大きな声で反対する人が、経済界からも、松下政経塾の卒業生からも出ないのか。あるいは、マスコミも、国民の声を取り上げて、反対の声を上げないのか。このあたりについて、私は非常に疑問に思っております。日本人には、やはり、何か知識が足りないのではないでしょうか。

そこで、まず、幸之助先生より、今後の日本の見通しというか、日本人に対する警告といったものをお聴《き》かせいただければと思います。

松下幸之助　まあ、一言《ひとこと》で言やあ、「死人に口なし」と思うとるんやろうな。

わしが生きとったら、「はい、はい」と言うだろうけど、幸いなことに死んでくれたんで、「もう怒られることもあるまい」と思って、やっとるんだろうな。

　わしが、目標どおり、百四十歳《さい》まで生きとったら、そらあ、言われるやろうし、事前に、わしの所へお伺《うかが》いが来るわな。「今回、こんな法案を通させていただきますけど、どうか、ご容赦《ようしゃ》願えませんでしょうか」って、お伺いが来ると思うよ。生きとったらな。

　残念ながら、九十代で〝早死に〟してしもうたんで、「もう、ものが言えんだろう」と思って、みんな、やりたい放題だなあ。

　PHPの一部はまだ、わしの考えで飯《めし》を食っとるから、そのとおりにやってくれてるけども、パナソニックのほうは、幸之助離《ばな》れが加速しているな。この前、義理の息子《むすこ》の二代目（故・松下正治《まさはる》氏）も亡くなられたとこやしな。まあ、かなり長生きしたけどな。わしより長生きしたかな。まあ、そういうことで、いよいよ忘れられかかっとるんかなあ。

わしの経営は、信奉者《しんぽうしゃ》を集める経営だったから、やや宗教がかっとるところがあったけど、それを、アメリカ型の経営に持っていこうとして、信仰《しんこう》的要素を抜《ぬ》こうとしているんやろう。

また、松下政経塾のほうも、「政治っちゅうのは、現実には、キツネとタヌキの化かし合いやから、そんなもん、きれいごとを言うても通りませんぜ。やっぱり、数の力と金がものを言うんですわ。ポストがものを言うんです」みたいな感じで、「幸之助さんは、机上《きじょう》の空論を言うとったんやろう。『政治家を一回ぐらいやってみたかった』と思うとるんやろう」と考えとるわけや。

まあ、わしも、昔、低いレベルというか、地方議員は、ちょっと、やったことがあるんだけどね。

「総理大臣になってみたかったなあ」と思っても、「九十近くになってから、総理大臣を目指すなんちゅう、アホなことはやめなはれ」という声が多かったから、松下政経塾をつくって、「将来に、自分の意志を継《つ》ぐ人をつくろう」と思ったっちゅうことやったんやけど、吉田松陰《よしだしょういん》先生のように、亡くなったあと、塾生が総理大臣になって偉《えら》くなってくるのと、ちょっと違《ちご》うて、何だかなあ……。

わしが死んで何年たったかのう。二十年もたっとらんのやないか。二十年たったかなあ。二十年ぐらいかなあ。でも、早くも、造反者が続出やな。まあ、本気で信じてるわけじゃなかったんやろうな。うーん。

要するに、「参考になるとこだけをつまみ食いしたろう」と思っとったんやろう。まあ、宗教じゃないから、そういうとこやろうし、「どうせ、無学のおっさんがたたき上げで学んだことやから、時代が変われば、どうせ違うに決まっとるやないか」っちゅうようなとこやろうな。

まあ、そういうことで、「軽《かる》う見とるんやろうなあ」と、わしは思うけどな。だけど、松下政経塾生を育てるのは、わしの人生最後の仕事やったからなあ。

大川さんは、ＨＳ政経塾（政界・財界で活躍《かつやく》するエリート養成のための社会人教育機関）でも「名誉《めいよ》塾長」とか言うて、最初から「名誉」が付いて、実務を投げて楽《らく》してやっとるけど、わしは、九十代でもまだ塾長を張っとったんやからな。塾生に話をしとったし、塾生の面接までしてたんやからさあ。

大川さんは面接もしないで、書類だけで、もう終わりにしているやろ？　それは楽や。かなり楽しとるんやろな。

しかし、わしは、そこまでやっとったんやから、思い入れはあるわなあ。

消費税増税法案について、国民への説明は尽《つ》くせていない

松下幸之助　まあ、彼（野田佳彦《よしひこ》氏）には、微妙《びみょう》なところがあるんやろうけどな。政権がたまたま民主党に転がり込《こ》んで、財務副大臣をやってるうちに、菅《かん》さん（菅直人《なおと》氏）が抜けて財務大臣になった。そして、財務省が「言うことをきいてくれたら、総理大臣にしたるでえ」みたいな感じで言ってきたので、そのまま言うことをきいてたら総理大臣になれたけど、やってるうちに力関係が変わって、最近では、国をコントロールできるような気になってきてるんやろう。

最近は、そんな顔をしとるわな。

まあ、人は、置かれる立場が変わったら、考えが変わるのかもしらんけどな

あ。

商品でも、売る人と買う人の立場が変わりゃあ、そうだよな。売る人は、高く売りたいし、買う人は、安《やす》う買いたい。売る人は、粗悪《そあく》品でも、いいものに見せたいし、買う人は、悪いものを高く見せられたくないよね。また、「本物のブランドか、偽《にせ》ブランドか」ということも気にするよな。

まあ、立場が変わりゃあ、考えは違うわな。

「今日、消費税増税法案が通る」とのことやが、これは、本来、自民党がやりたかったことや。しかし、自民党はできずに、松下政経塾の第一期生が総理大臣をやってる民主党政権下で、それが行われるわけだ。おそらく、これから政局になるんだろう。消費税増税法案を通したあと、原発問題とも絡《から》んで、この二つの争点で、総選挙に入るんだろうと思うけどな。

でも、今回の増税について、一言で言うと、国民への説明は尽《つ》くせてないんとちゃうかなあ。

A―― そうですね。

ヨーロッパの経済危機と社会福祉《ふくし》への不安を悪用して脅《おど》す政府

松下幸之助 「ギリシャやイタリアがそうだから」とか、「EUが危機だから」とか言ったってさあ、ギリシャは、失業者が二十パーセントもいる国なんだよ。ギリシャは、財政再建をかけて、国家財政を健全にしなかったら、EUから離《り》脱《だつ》しなきゃいけないし、「EUから離脱したら、国民の八十パーセントは失業者になるんじゃないか」と言われてる国やから、それはもう、生きるか死ぬかの大騒動《おおそうどう》で、財政規律や財政再建が言われてるけど、日本は、絶対、そんなふうにはならないよ。明らかや。そんなふうにはならない。

そういう小国の例を持ってきて、大国の日本に当てはめ、そして、大騒《おおさわ》ぎをしてるけど、この背後には、「自分たちの思いを通そう」という考えがあるわな。もちろん、これは財務省系の人たちの考えだろうけどね。まあ、彼らの長年の宿願やろうけどさ。

つまり、ギリシャやイタリアのような小国の例を使って、「そんなふうになるぞ」と言って国民を脅《おど》し、増税を通そうとしたわけやな。

もう一つは、社会福祉《ふくし》だね。

老後を不安に思うとる人が多いから、「社会保障と税を一体化して、増税をかければ、老後が安心になりますよ」というように言ってるけど、これは、もう一つの脅しだよな。

「これをやらんかったら、老後がどうなるか、分かりませんよ。野垂《のた》れ死《じ》にするかもしれませんよ」と言われたら、みんな、その経済根拠《こんきょ》が分からないからさあ、「まあ、そうかな？」と思ってしまうわな。

しかし、「少子化問題を解決しないまま、増税をかけて、それを、ほんまに全部、社会福祉に投入し、老人の病院費や生活費などに充《あ》てていく」っちゅうことになったら、この先、消費税率が五十パーセントを超《こ》えていくのは、もう目に見えとるんだよ。

要するに、（社会保障と税の一体化は）経済的に成り立たないんや。こんなものは成り立たないことが分かっとるので、根本的に考え方を変えなきゃいけないんやけど、目先の収入しか考えてないわけだな。

まあ、子供のようなもんや。子供が、親に、「今日、小遣《こづか》い、なんぼくれる?」とか、「今月の小遣い、いくらですか?」とか言ってるような感じかなあ。夏休み前に、「夏休みの小遣い、なんぼくれるんですか?」と言って、来年のことまで考えてないような感じかな。

まあ、そういうことで、「ヨーロッパの経済小国の経済危機の問題」と「少子高齢《こうれい》化での福祉への不安」から脅しをかけて、増税をごり押《お》しし、法案を通そうとしてるわけや。

マニフェスト違反《いはん》の民主党をチェックできないマスコミ

松下幸之助　民主党は、前回の選挙で、マニフェストに「増税をしない」ということを掲《かか》げて、たまたま大勝してしまったけども、「その大勝をいいことにして、増税をかける」っていうのは、はっきり言うて、信義則違反《しんぎそくいはん》やな。この点に関しては、顔つきは悪いが、小沢《おざわ》さん（小沢一郎《いちろう》氏）のほうが、言うとることは正しいと思うなあ。

民主党は、「増税しない」というマニフェストでやったわけだし、増税をかける前に、「高校の教育を無償《むしょう》化しよう」とか、そんなバラマキばっかり、一《いっ》生懸命《しょうけんめい》にやろうとしてたよね。

本来なら、やっぱり、これは、「消費税を増税します」というテーマで解散総選挙を打って、民意を見た上でやるのが民主主義的には筋だろうな。

その意味では、野田君は悪いことをしとると思う。

ただ、自民党の側も、今でなきゃ、（増税法案を）通せないのは知ってるからさ。選挙をやったら、通せなくなるのを知ってるから、自民党のほうも悪いわなあ。

要するに、自民党は、「民主党政権に増税法案を通させてしまおう。それが終わったら選挙になり、どうせ向こうが負けるだろうから、自分たちのほうで主導権を握《にぎ》って、政権をつくりたい」と思ってるわけや。

「自分たちのやりたいことを人にやらせて、政権だけは取りたい」と、こう思うとるあたりが、今の政局やな。

だから、「嫌《いや》な感じがする」というか、両方とも、国民から見たら、遊離《ゆうり》してる感じがあるわなあ。

本来なら、マスコミが、国家権力のチェック機関として機能して、いろいろと言わないかんとこやけども、今回は、なんか、マスコミまで根回しが、ずいぶん、よくできとるようやな。大手誌からテレビ局まで、ずーっと、「増税やむなし」みたいな感じなんで、全部、根回しが終わってるんだよな。

それで、いよいよ、法案が通るのが確実になってきたら、「増税になったら、こんな困ることがある」ということをチラチラと書いてきたけど、あくまでも、記者の意見ということで、「いやあ、社内の意見は、統一されてるわけではないんです」みたいな言い逃《のが》れをしてるっちゅう感じかな。そのへんは、ちゃーんと計算済みでやってるっちゅうことかな。

今回は、大手新聞社からテレビ局まで、根回しというか、まあ、金銭を伴《ともな》ったかどうかは知らんけども、何らかの意味での買収を受けたと思われるし、さらに、普通《ふつう》はなかなか言うことをきかない週刊誌までが、政府筋の買収工作に関与《かんよ》した疑いが濃厚《のうこう》だよね。だけど、「もはや、これを摘発《てきはつ》するものがない」という状況《じょうきょう》になってるわけだな。

その意味で、なんか、国家総動員法のような感じがないわけではないねえ。

これから中小企業《きぎょう》がたくさん潰《つぶ》れるだろう

松下幸之助　いやあ、でも、実際は大変だよ。野田君、本当に分かっとんのかなあ。もう、中小企業《きぎょう》はたくさん潰《つぶ》れるよ。本当に潰れるよ、これ。

Ａ――　潰れると思います。

松下幸之助　彼は、企業経営をしてないから分からんやろうけど、企業っていうのは、「決算が赤字ですので、値上げさせてもらいます」っちゅうても、お客さんが、「はい、そうですか」って言うて、買ってくれるとこではないんだよ。

「値上げする」って言うにはなあ、「新しい性能が加わった」とか、「サービスがよくなった」とか、「高付加価値になった」とか、「新商品を開発した」とか、そういうのが必要なんや。そうすれば高く売ることができるけど、「今までと同じものを高く売る」っちゅうのは、なかなか、できない。

それができるのは、東京電力みたいな一社独占《どくせん》企業やな。「東京電力から電気を買わんかったら、もう、電気が点《つ》かん」っていうとこやったら、「赤字が出ました。はい、電気料金を値上げします」と言われても、逃《に》げようがないもんなあ。嫌だったら、関西なり九州なり、どこか、よそへ引っ越《こ》しするしかないんだからさ。

まあ、国っていうのは、そんなふうに経営を考えるわけよ。

国も、会社経営をやってるつもりでいて、「収入を増やして支出を減らそう」と考えるんやけど、逃げられない人たちに対して、そういうことをやってしまうっちゅうとこがあるんだよな。

だから、政府が増税をかけるんなら、少なくとも、企業ならやることをやるべきだよ。

普通、企業なら、当然、経費節減やリストラの徹底《てってい》をやるよな？

会社を立て直すには、場合によっては、何千、何万という人を辞《や》めさせるしさあ。さらには、今回、消費税増税をかけられたら、その分を、お客さんに付け替《か》えられるかどうかは微妙なので、まず、内部的にコストダウンを図《はか》ろうとして頑張《がんば》るわな。なるべく値上げしないように、経費の削減《さくげん》をかけていくよね。

さらに、「経費節減をするために、どうするか」というと、当然、社員の給料の圧縮、それから、何らかの原材料費の圧縮をやるわな。

その意味で、次には、下請《したう》けのほうにコストダウンが行くわけよ。下請けにつくらせてるものについては、当然ながら、消費税率の部分だけ、値段を下げさせようとするからね。

すると、今度は、下請けのほうが、アップアップ言って人員整理を始めて、パートさんが増えるようになるし、また、「その値段では国内でつくれない」となれば、人件費が安い国に工場《こうじょう》が移転して、産業の空洞《くうどう》化がさらに進むようになってくるだろうね。

このように、製造業のほうから見れば、消費税が上がることによって、「自分たちのほうで、さらにコストダウンしなきゃいけない」というプレッシャーがかかるわけや。

消費者は必ず「買い控《びか》え」で消費税上げに対応する

松下幸之助　しかも、消費者の側は、消費税上げで、物を買わんようになるわけよ。

財務省は、捕《と》らぬタヌキの皮算用《かわざんよう》で、「今、五パーセントの消費税を八パーセントに、八パーセントを十パーセントに上げたら、その分だけ、税収が増える」って計算してるんやろうけど、そらあ、消費者の側は、消費税上げが嫌だったら、買わんかったらええわけや。買わんかったら、消費税を払《はら》わんで済むわけやからな。

要するに、消費者は、値上げの分、消費を控《ひか》えることで対応してくる。その結果、物はさらに売れんようになってくる。

いやあ、これから、従業員のリストラ、コストカット、賃金カット、それから、下請けいじめ、中小企業の倒産《とうさん》が始まって、失業者がたくさん溢《あふ》れ、さらに消費が落ち込んでいって、不況になっていくやろうね。

そうしたら、政府は、また増税をかけて、その税金で失業者に手当を出すみたいなことを考えるんやろう。

あるいは、「年寄りの老後が不安だ」っちゅうけど、経済が改善しなくて会社が潰れるような状態になったら、四十代、五十代と、年を取ってる人からリストラされるに決まってるからさあ。つまり、年金支給より先に、生活難がやって来るんだよな。

まあ、こういうことで、われわれみたいに、一般《いっぱん》の必需品《ひつじゅ》をつくっているようなとこは、（消費税増税の影響《えいきょう》から）逃げられないからね。高級品をつくってるとこは違うかもしらんが、一般の製造業は逃げられないので、必ずしわ寄せが来るわなあ。

あと、流通業にも、必ずしわ寄せが来るよ。

そういう意味で、ユニクロさんなんかも、「国家百年の重罪」っちゅうか、

「この増税には、それだけの罪がある」っていうようなことを、なんか、言うとるようだけどもね。

いやあ、あれは、やっぱり、このへんの景気予測を全然読めてない人がやってると思うよ。

「政権交代」を応援《おうえん》した手前、反発し切れずにいる経団連

松下幸之助　それから、あなたがたが警告してる国家社会主義的な面が出てるわなあ。

ちょっと、議論がねえ、新聞だろうと、ほかのものだろうと、すべて、財務省から出てきてるような議論というか、野田さんが言ってるような議論に基づ

いて、みんな、論理をつくってきてるよな。

A――　そうなんです。なぜ、経団連は、それに対して、強烈《きょうれつ》に反発しないのでしょうか。

松下幸之助　うーん……、民主党政権をつくるに当たって、応援した経緯《けいい》があるからやろうな。「民主党政権ができたら、中国との関係が良好になって、経済が上向く」と予想して、応援してたんだけど、もう二年もしないうちに見放してきてはいるけどね。

肝心《かんじん》の中国も、今は、もう失業のラッシュですのでね。バブル崩壊《ほうかい》で不動産業がやられてるし、交通インフラのところもやられてる。中国は、今、日本の人口と同じぐらいの失業者を抱《かか》えていて、その家族も入れたら、もう、三、四億人も〝失業者〟がいるわけや。中国も、本当は世情《せじょう》が不安定になって、非常に厳しい状況になってきてるので、今後、どんな展開になるか、分からない状況ではあるわな。

ま、経団連は、民主党をちょっと応援した経緯があるからだと思うんだけどねえ。

いやあ、これは、今、ぶり返しが来てるとこやろうね。日本も、ある意味で、中国と同じように、政治と経済の分離が起きようとしてるのかもしれない。

政治のほうは、野田君が総理になって、ちょっと保守化したのかもしらん。確かに、増税は、自民党も言ってたから、保守と言やあ、保守なのかもしれない。

でも、民主党の支持層は、おそらく離れてきてるでしょうね。増税に反対する人たちが民主党の支持勢力でいたはずだよ。これが、今、離れてきてるので、党が分裂《ぶんれつ》してきてるわな。

まあ、非常に厳しい結末になりそうやなあ。

A――　やはり、「厳しい結末が来るのではないか」ということですね。

松下幸之助　ああ……。

3 「消費税増税」を強行してしまった民主党政権

国の財政を「家計簿《ぼ》の感覚」で考えてはならない

A——　今日は、いろいろな点について、ざっくばらんに質問をさせていただきたいと思います。

松下幸之助　（Bに）わしに分かる言葉で言うてくれよな。

B――　（笑）幸福実現党は「消費税の増税反対」をずっと訴《うった》えてきましたが、今日、増税法案が成立するようです。

江戸《えど》時代であれば、増税が行われると、一揆《いっき》が起きたりしていたのですが、今回は、経済学を学んでいる学生のなかにも、増税について、「しかたがない」という意見がありますし、私の身内や友達にも、そう考える人は多いのです。

幸福実現党がしてきた議論の内容が難しかったのかもしれませんが、今後、私たちは、どのように努力すればよいのでしょうか。

松下幸之助　みんなが、家計簿《ぼ》を見るみたいな感覚で、国の財政を見てるんでしょ？　それが、いちばん分かりやすいからさ。

「収入はこれだけあり、支出はこれだけあって、支出のほうが多いんです。

その差額の分を借金してやってるんですが、一家庭当たり何百万円もの借金があるんで、家計だったら潰《つぶ》れてしまいますねえ」っていう感じで、自分のほうに引き寄せて言われると、「ああ、そうかなあ」と思ってしまうな。

例えば、「一家庭当たり七百万円も借金があるのか」と思うと、「それは大変やなあ」と思ってしまうんや。

政府のほうは、そんな組み立てで議論してきてはいるわな。

それと、アメリカが民主党政権になったことも、おそらく影響《えいきょう》はしてるんだろうと思うんやけどな。民主党系は、やっぱり、平等性のほうを強くしていくけど、平等性を強くするに当たっては、「上」をすり潰していくほうが多いからね。そういうかたちで、人々の支持を得ることが多くなってくる。

「財政再建」っていうのは、昔の江戸時代から、流れとしてはあるんだけど、考え方においては、ここが難しいとこやね。

「無駄《むだ》のカットによる財政再建」が裏目に出た民主党政権

松下幸之助　民主党が言ってた、財政再建のための質素倹約《けんやく》は、もう流れちゃったんじゃないかなあ。民主党政権は、最初、「無駄《むだ》をカットすれば、財政を再建できる」って言ってたのに、いつのまにか、もう誰《だれ》も言わなくなったじゃないか。ねえ。

ダム建設を中止することから始まってさあ、「スーパー堤防《ていぼう》なんて要《い》らない」とか言って、恥《は》ずかしいぐらいだったじゃないの。

水力発電のできる八ッ場《やんば》ダムかあ？　あれは、三分の二ぐらい完成してて、何十億円か何百億円か何千億円か知らんけど、ものすごいお金をかけて工事をやって、ほとんど完成寸前だったのに、それをやめてしもうた。

そのあと、原発の事故があって電力危機が来たり、洪水《こうずい》が起きたりした。「スーパー堤防なんて無駄だあ」って言ったら、そのあとが津波《つなみ》だろ？

だから、言うとることが、みんな外れて、もう沈黙《ちんもく》してしまったような状態だわな。「無駄を削《けず》って」と言っていたけど、彼らが削ろうと思ったもんが削れなくなったこともあるわな。

それから、これは選挙対策でもあろうけれども、「教育費を無償《むしょう》にすれば、みんなが喜ぶだろう」って考えて、そちらのほうに動いてたにもかかわらず、「いじめ事件」なんかが、いっぱい起きてくるしなあ。

教育費は、「安けりゃいい」ってもんでもないからね。みんな、費用の高いほうに行きたがる。高い金を払《はら》って塾《じゅく》へ行き、高い金を払って私立の学校へ行くんやろ？　だから、「安いか、高いか」ではなくて、やっぱり、「教育の質がいいかどうか」が大事なんや。

買い物で言やあ、「露天商《ろてんしょう》のインチキ商品を安く買うよりは、やっぱり、デパートで、ちゃんとした、いいものを買いたい」みたいなことが、教育でも起きてるんやろうからね。

だから、「教育の無償化」っていうのが、ほんまによかったかどうか、疑問やな。その分、税金が余分に要るようになったんやろうからなあ。

「いじめがなくて、教育内容がいい学校であれば、授業料が高くとも別に構わない」と、わしは思うけどなあ。

消費税の増税は、他の増税の前段階にすぎない

松下幸之助　幸福実現党は「増税反対」を訴えてるけど、そこだけは共産党と一致《いっち》してるから（会場笑）、具合が悪くなったんやね。保守なのに共産党と一緒《いっしょ》になったようで、なんや、コウモリみたいになっちゃったなあ。獣《けもの》でも鳥でもなくなっちゃって、ちょっと、ややこしゅうなったんやろうけど。

いやあ、幸福実現党は、「今、増税をすると、むしろ税収が減りますよ」という言い方をしてたんやけどね。消費税の導入後、まもなく導入前より税収が減ったし、前回、消費税率を上げたら、また税収が下がったのでね。

さっきも言ったように、消費税には国民は対応できるんや。物を買わなきゃ

いいんで、みんな、タンス預金をし始める。政府のほうは、何とかして、そのタンス預金を引きずり出し、使わそうとしたけど、結局、できなかった。

要するに、銀行預金の利子は、ほとんどゼロになってるし、株を買ったら、値下がりして損をするようになっとるし、もう、ほんとは消費をするしかなくて、お金を使うしかないはずやのに、使ってくれんので、「あとは、税金でも巻き上げるしか方法はない」ということなんや。

おそらく、消費税の増税は前段階で、このあと、さらに他《た》の税金で取っていくと思う。取りやすいのは人数が少数のとこやから、まずは大金持ちから今以上に相続税を取っていくあたりから始めるだろうけど、ほかの税金もいじってくると思うなあ。

「政治主導」から「官僚《かんりょう》主導」になった民主党政権

松下幸之助　政府は、国民に対し、予算編成とか、国家の経営に参加してるような幻想《げんそう》を、じょうずにつくり出したわなあ。そして、誰が見ても、「ほんとだ。赤字になってる。借金は悪いことだ」と思わせたね。

そして、幸福実現党が、「それは政府の借金であって、国民の借金じゃありませんよ」と言っても、国民には、この議論が基本的に分からないのよ。

国民は、お金を出し、国債《こくさい》というかたちで債権を手に入れてるので、政府の借金と同額の債権を持ってるわけや。少しは利子が付く債権の状態で、国民は財産を持ってるんやね。

財産のかたちが、タンス預金から国債に変わったか、銀行の普通《ふつう》預金などが国債に変わったか、いろいろあるやろうけど、いずれにしろ、債権が増えてはいるわけやね。

ところが、政府は、「国が倒産《とうさん》した場合には、国債が紙切れになる可能性がある」って言ってる。確かにそうだけど、その例として出してるのがさあ、かつて、ブラジルやアルゼンチンでハイパーインフレーションが起き、紙幣《しへい》が紙くずになったような時代の例ばっかりだから、国民に、何となく不安感を抱《いだ》かせてしまうようなところがあるよな。

だから、「ここらへんについて、そうとう用意周到《しゅうとう》だった」っていうことは言えるな。

でも、「民主党政権は、当初、政治主導型って言ってたのに、わずか二年ぐらいで官僚《かんりょう》主導型になった」っていうことでは、極端《きょくたん》から極端に行ったよね。

「それほどまで、民主党の政治家たちが素人《しろうと》だった」っちゅうことやろうねえ。自分らは「政治主導でやろう」と思ったんだけど、結局、できなくて、全部、大恥《おおはじ》をかいたわけや。それは、おそらく、官僚のほうが、じょうずに情報操作を行い、「官僚が情報を出さなきゃ、政治家は何もできない」っていうことを見せたんだろうね。

そのへんでは、井伊直弼《いいなおすけ》君も、〝安政《あんせい》の大獄《たいごく》〟をやってるのかもしらんけどなあ（注。この霊言《れいげん》の収録時点における財務事務次官・勝栄二郎《かつえいじろう》氏の過去世《かこぜ》は、幕末に「安政の大獄」を行った大老・井伊直弼であることが判明している。『財務省のスピリチュアル診断《しんだん》』〔幸福実現党刊〕参照）。

この増税法案が通ったら、彼も引退するんやろうけど、それを最後の仕事にしようと思っとんのやろうなあ。

世界全体に流れてきている「所得再配分」の風潮

松下幸之助　今は財政が赤字なので、「増税反対」に関して、要するに、理論武装がなかなかできないんでなあ。

フランスも、あれやろ？　社会党っていうか、左翼《さよく》の大統領になったら、金持ち……、ミリオネーアかな？　「一億円ぐらい収入のある人から、七十五パーセントの税金を取る」とか、言い出してるそうやけどね。

要するに、「少数のお金持ちからお金を取って、『下』に薄《うす》く撒《ま》けばいい」っていう考え方やろうけど、オバマ君も、ウォールストリートを責めて、そんなことを言うとるんやろうから、そういう風潮は世界全体に流れてきてる。

だから、全体的に言うと、「世界経済がリンクしていて、どこも、あまりよくない」っていう雰囲気《ふんいき》があるわなあ。「ヨーロッパも駄目、アメリカも沈《しず》み、中国も傾《かたむ》いてきて、日本も停滞《ていたい》してる」っていう状況《じょうきょう》であり、経済全体が下降していくデフレ経済が全世界的に広がっとんのかなあ。

でも、世界全体で人口は増えてる。「人口は増えて、世界全体の経済生産が落ちてる」っちゅうことはやなあ、一人当たりに割ると、基本的には、「以前より貧しくなる」っちゅうことになるわな。

「高収入を上げてる人から、なんぼでも税金を取ってええ」っていう考えの所得再配分が本当に正しいんだとしたら、国家レベルで言えば、「アメリカは、奴隷《どれい》貿易を行い、アフリカから大勢の奴隷をただ同然で連れてきて、働かせとったんやから、儲《もう》かっとる、高所得のアメリカから金を取り、アフリカにばら撒け」っていうようなことが、やれんことはないねえ。国際レベルで言やあな。まあ、この議論がどこまで通じるかは微妙《びみょう》なとこやけどな。

中国の故事によれば、死刑《しけい》よりも増税のほうが怖《こわ》い

松下幸之助　わしには分からんのやけど、みんな、そんなに豊かなのかねえ。昔の中国には、「苛政《かせい》は虎《とら》よりも猛《たけ》し」っていう言葉があってな。「虎が出没《しゅつぼつ》する」っていう所に住んでいる人に、「なぜ、こんな、虎が出る怖《こわ》い所に住んでいて、引っ越《こ》さないんですか」って訊《き》いたら、「いや、虎は出るけれども、ここは税金が安いので、離《はな》れたくない」と答えたわけや。

そんな話が中国の故事にある。

一般的《いっぱん》には、「死刑《しけい》がいちばん怖くて、その次に増税が怖い」と思うところやけど、この故事では、「死刑よりも増税のほうが怖い」っちゅうことやなあ。「虎に食われてもええから、税金の安い所に住みたい」っていうのが本来の考えや。

だから、日本人には、もしかしたら、まだ、それだけの危機感がないんかもしらん。

それと、全体に左翼的風潮が強くなってきてはいるんでね。左翼の風潮が強くなると、所得の再配分の圧力、要するに、「所得の高いところから取って、所得の低いところに撒く」っちゅう圧力が強くなってくるから、逆に言えば、「税金を取りたい」っていう圧力が強くなるんやね。

税務署員なんて、低い給料で働いていて、意外に左翼的な考え方を持っとるので、「大儲けしたやつから、よけいに取ってやろう。収入がある会社から、取れるだけ取ってやろう」って考えてるからね。

4　なぜ「小さな政府」の発想が必要なのか

北欧《ほくおう》型の福祉《ふくし》国家を目指すことは「斜陽《しゃよう》化への道」

松下幸之助　うーん。君の質問に何て答えたらええんやろなあ。いやあ、なぜ増税に賛成するのか、わしは、そっちのほうを訊《き》きたいわ。財務省に勤めてないのに、なんで増税に賛成するねん。国税庁に勤めてない人が、なんで増税に賛成するのか。わしは、そっちのほうが訊きたいんやけどなあ。なんでやろなあ。

B――　消費税などに関する経済的理論は、私にもよく分かりませんし、一般《いっぱん》の人にも難しいのではないかと思うのですが……。

松下幸之助　いやあ、それは、あれやろうと思うんだよ。「世界各国の消費税率から見りゃあ、日本の五パーセントは低い」っちゅうんでしょ？　消費税率だけを並べたら、そうなってる。よそは、もっと高く、十数パーセントとか二十パーセントとかが当たり前なんでなあ。

菅《かん》さんが理想にした北欧《ほくおう》型の福祉《ふくし》国家なんか、基本的に税率は七十パーセントなんでしょ？　それで、「地味だけど、何となく、みんなが、幸せに、ほのぼのと暮らしとります」というような感じだけど、「ほんまに、日本を、そんな国家にしたいんか」っちゅうことに対して、議論はなされてなかったと思うんだよな。

そりゃ、「斜陽《しゃよう》化していく道を選ぼうとしてる」っちゅうことだから、「働きたくない」っちゅうことなのかもしらんけどな。

だって、「人の働いた残りカス」っちゅうかさあ、「人が働いて儲《もう》けた金を、税金で回してもらい、食っていける」っちゅうのは、やっぱり、楽な社会やな。そんなふうに見えるもんなあ。

それだと、「働きすぎた人は悪い人や」っちゅうことやな。「収入が増えると、税率が上がってくる」っちゅうのは、そういうことになるわな。

そして、最後には、「国民のものは百パーセント国家のもの」っていう考えが出てくるからな。

国家が、商売をやってるつもりで経済運営をやり始めると、これは社会主義国家っちゅうことになるわね。

たぶん、幻想《げんそう》の始まりは、あれかなと思うんやけどね。ソ連は、うまいこといかんかったけど、中国は、経済発展をしたように見えたので、「社会主義でも、うまいこといくんじゃないか」というような発想があったんやないかと思うんだよ。

だけど、これは、もうすでに遅《おく》れてると思うよ。中国では、バブルが崩壊《ほうかい》し、失業者がいっぱい出てきて、経済が失速中なので、認識《にんしき》において時差がすでにあるんやないかと思うな。中国人も、今、よそへ行き、外国で買い物をしてるからね。

本当は、安い「量の経済」から、やっぱり、「質の経済」に移るのが普通《ふつう》なんだけど、その移行は、なかなか難しいもんなんだよな。

「税率九十パーセント」で税金を納めていた生前の松下幸之助

松下幸之助　「税率は高ければ高いほどいい」っちゅう人は、まことに奇特《きとく》な人や。

私はねえ、あんた、長年、ずうっと、税率九十パーセントの税金を個人で払《はら》っとったんや。「長者番付」とか言うけど、それは嘘《うそ》で、実は「高額納税者番付」だったわけでね。

はっきり言やあ、私は、十億円の収入があったら、九億円の税金を払っとったんや、ずっとな。「私が長者番付のトップだ」っていうのが長く続いたからね。ときどき、大正《たいしょう》製薬の会長さんと競争してたけど。

要するに、十億円の収入があっても、手元に残るのは一億円や。「九億円も税金を取る」っちゅうのは、何の権利があってのことや。

はっきり言うて、「私は年に九億円分ものサービスを受けてないんやけど。バスだって、地下鉄だって、下水道だって、水道だって、電気だって、私は個人的に毎年九億円分ものサービスを受けてないんやけどなあ」っていうような気持ちはあったわな。

また、社長として、さまざまな人にお中元《ちゅうげん》やお歳暮《せいぼ》を送ったりするし、お付き合いも、いろいろとあったりするから、交際費が必要だし、買い物もしなきゃいけないし、それらを入れると、一億円ぐらいを可処分所得として手元に残さないと、何もできないのよ。

そのため、「十億円もの収入があっても、九億円を税金で取られる」っていうようなことに対して、私はワアワアと文句を言い続けたよ。

そうすると、しばらくしたら、税率が七割ぐらいまで下がったけどね。

イギリスだって、一時期、九十九パーセントぐらいまで税金がかかったときがあったんやないかなあ。あれも、はっきり言うて、目茶苦茶だよな。

これだと、一億円を稼《かせ》いだら、手取りは百万円か。これやったら、パートでもしたほうがええわなあ。一億円を稼いだ人はアホみたいなもんですよ。勲章《くんしょう》の山でもくれるんならええけどな。

理論による経済運営は、ことごとく失敗してきた

松下幸之助　これを理想社会と思った時代があったわけよ。社会主義が輝《かがや》いていた時代には、そう思えた。

ソ連や中国が輝いてたように見えた時代には、多くの人が、そういう、取れるところから取り、大地主《おお》や大企業家《きぎょう》、資本家をなくして、工場を国有化したら、みんなが豊かになるような幻想を抱《いだ》き、優秀《ゆうしゅう》な人ほど、そういう理論に惹《ひ》かれ、「そのようにしたら、うまくいく」と考えていた。

財務省に勤めてる人も、そういう幻想を、まだまだ持ってるだろうと思うけどね。「お金の配分さえ、うまくやれば、みんなが幸福になれる」と思ってるようなとこがあるんや。

だけど、いかんせん、実際には、アダム・スミスさんやったか、なんや、知らんけどなあ、「神の見えざる手」とかいう、よう分からんものがあって、「ほっといたら、神様が、うまいことやってくれるんですわ」っていう考え方のほうが実態に合うんだな。

ちょっと信じがたいんやけどさあ、「一部のエリートが運営するより、『自分が豊かになろう』とか、『自分の会社をよくしよう』とか、そう思って各人が頑張《がんば》ったほうが、結局は全体がよくなる」っていう結果に終わってしもうたんやね。

理論による経済運営っていうものを、頭のいい人は、みんな、考えるんやけど、それは、ことごとく失敗し、今までに、成功した例が、ほんまにないんや。

今、中国が、それに失敗している。鄧小平《とうしょうへい》さん以降の、「とにかく、金を稼げる人から稼ぎなさい」っていう考えが行き詰《づ》まってきたので、毛沢東《もうたくとう》思想が復活してきてるよな。

毛沢東思想っていうのは北朝鮮《きたちょうせん》の先軍《せんぐん》思想と一緒《いっしょ》なんや。「経済より軍が優先」っちゅうのが先軍思想やね。

毛沢東は、そういう考え方やった。毛沢東の思想は、「貧乏人《びんぼうにん》が飢《う》え死《じ》にしてもええから、核《かく》開発を進め、とりあえず核兵器をつくらなきゃ駄目《だめ》だ」っていうものだったんやろ？　先軍政治というのは毛沢東思想なんやな。

今、中国では、軍隊のほうと、政治をやってるところとが、分裂《ぶんれつ》しかかってきとるんや。

だから、私は「中国は失敗する」と見とるけどな。

やっぱりねえ、企業家が自由にやれないようなとこは、基本的に駄目なんや。自由に才能を発揮できないと、企業家はうまくいかない。

「官庁」っていうと、かっこよく聞こえるけど、それは役場がお店をやっとるようなもんやからさあ、そんなにうまいことといかんのよ。

役所もねえ、国会議事堂があるのに、都庁の大きいのが建っとるしなあ。区役所は区役所で、また、ええのを建てて仕事をしとるしなあ。あれには、階がたくさんあるもんなあ。いったい、どこが工事してるんやら分からんようなものが、いっぱいあるからなあ。

「税金が高い」というのは幸福ではない

松下幸之助　私は、やっぱり、「基本的には思想が先や」と思うな。
そして、「税金は安いほうがええですよ」っていうことだね。
幸福論を考えるに当たってはね、「税金は、高いほうが幸福か、安いほうが幸福か」っちゅうことを、考えないといかんと思うんだよ。

やっぱりねえ、「税金が高い」っていうのは幸福ではないよ。それだと、それこそ、搾取《さくしゅ》されてる状態になるわけなんでね。

先日、ブータンの国王夫妻が日本に来て、「ブータンは、貧しいけれども、幸福度が高い」と言ってたけど、あれは、うまいこと、すり替《か》えとんのや。「貧しくても、心の持ちようで幸福になれますよ」と言ってね。

今、ちょっと政治と宗教が入れ替わってきとるな。幸福の科学が政治のことを言い、逆に、政治のほうが宗教みたいになって、「ブータンのように幸福になりましょう。貧しくても幸福に暮らせますよ」っていう発言を流したりしてるから、もう混沌《こんとん》としとるわなあ。

考えてみると、今の政治は、やっぱり、おかしいんだよ。だから、「おかしい」と思わないといかん。

例えば、この国や地方公共団体を経営するのにさあ、「国民の収入の半分が要《い》る」とか、あるいは、それ以上、「七割を使わなきゃいけない」っていうのはね、どう考えても、おかしいのよ。民主主義の理念から見ても、ほんとは、おかしい。

民衆が繁栄《はんえい》しているなかで、一部、必要な人が指導者として活動している分には構わないんやけど、「上のほうが、すごく頭でっかちになり、下が細ってくる」っちゅうのは、あまりよろしくないんや。

増税による倒産《とうさん》・失業者対策で政府がさらに肥大化する

松下幸之助　「税金は安いほうがええ」っちゅうのが分からん時代に、もう入ったんかなあ。そうだとすりゃあ、大変やな。

それと、選挙対策で、課税最低限を、だいぶ引き上げたからさあ、税金の勘《かん》定《じょう》を持っとらん人が多いのかもしらんけどなあ。

確かに、「今、税金を払っとらん人から、税金を取れるところが、消費税のメリットや」という言い方があるし、「消費税を取らんかったら、所得税がもっと高くなりますぜ」と言うて脅《おど》されたりする。それを言われると、サラリーマンは、みんな怯《おび》えるからね。

サラリーマンは所得税から逃《のが》れられん。サラリーマンじゃない、訳の分からん仕事をやってるような人たちは、税金から逃れられるんだけど、サラリーマンは所得を全部つかまれてるから、たまったもんじゃない。

だけど、消費税だったら、フリーターでも、今流行《はや》りのネットカフェで寝泊《ねと》まりしとる人でも、払わないかんわけやから、「みんなから取れる」という意味で、「公平な税制や」っちゅう考えも、あることはあるんやな。

でも、それは税論としての意見や。搾取する側っていうか、「お上《かみ》」の側の意見やけどね。

ただ、消費税を、経営者側の、会社を経営する者の側のほうから見たら、意見は単純ですわ。「消費税率を上げたら、みんなが買い控《びか》えをするので、物が売れんようになり、不況《ふきょう》になって、中小の下請《したう》け企業がたくさん倒産《とうさん》し、失業者が街に溢《あふ》れます」ということやな。

そして、それを税金で救済するとなったら、もっと税金が要るようになって、さらにまた企業が潰《つぶ》れる。「企業が潰れたら、また税金を増やす」っていうことになると、国内の会社が、しだいに、国有化、公有化されていき、やがては百パーセント公有化されていくようになるわけよ。だんだん、だんだん、そうなっていく。これではまずい。

この逆の発想が「小さな政府」の発想だな。これは、「国は、個人や企業に対し、ほとんど干渉《かんしょう》しません。サービスは低いかもしれないけども、あなたがたは、自由に活動して、繁栄してください」という考えや。ちょっと突《つ》き放してるけど、「自立していきなさい」というのが、小さな政府型の考えやな。

この考え方が分からない場合には、要するに、「依存心《いぞんしん》の強いタイプの人間が増えてる」っちゅうことを意味するんやろうと思うし、「知恵《ちえ》を絞《しぼ》り、汗《あせ》を流して、物をつくったり、商売をしたりする、そういうことの意義が分からない人間が増えとる」っちゅうことなんやないかなあ。

5　「増税後の日本経済」に未来はあるか

政治家から「国を繁栄《はんえい》させよう」という発想が出ていないのが問題

C──　それでは、私から質問をさせていただきます。

松下幸之助　ああ、そう。

C──　私のほうからは、「今回の消費税増税法案が通ったあと、未来が具体的にどうなっていくのか」ということについてお伺《うかが》いしたいと思います。

松下幸之助　うん、うん。

C――　今日、増税法案が参議院を通る予定ですが、今後、十年から二十年といったスパンで考えたときに、幸之助先生には、今、どのような未来が見えておられるのでしょうか。

また、中国の覇権《はけん》の問題が、これから現実味を増してくると思うのですが、今回、増税したことが、今後の中国との問題において、どのような影響《えいきょう》を与《あた》えていくのでしょうか。

そうした点を踏《ふ》まえながら、今、幸之助先生がご覧になっている「具体的な未来」について教えていただければと思います。

松下幸之助　うーん……。未来はねえ、やっぱり、何やろうかねえ……。まず、政治家から、「国を富まそう」とか、「繁栄《はんえい》させよう」とかいう発想が出とらんのだよなあ。

ネガティブっちゅうんかなあ、悲観的なものの見方から、物事が組み立てられてるような感じがするんや。

まあ、このへんの考え方のとこが、ちょっと大きいなあ。

彼らは、「中国が成功した」と思うて、なんか、「それをまねしようかいな」っていう気持ちに、最近、なったのかもね。日本は、自信を失ってな、「中国が成功したんやったら、それをまねしようかな」と思うとるのかもしらんけど、中国は、まだ、一人当たりの収入が日本の十分の一しかない国やから、「まねをする」って言ったってねえ、そんなにやることはないからね。

君たちの給料が十分の一の時代っていったら、かなり前まで戻《もど》ることになるよ。要するに、初任給が、二万円とか一万数千円とか、そういう時代まで戻るわけだよ。

だから、中国は成功したように見えてるけども、やっぱり、「張り子の虎《とら》」の部分は、あるんだよ。

高速鉄道をつくって、事故で車両が落っこちて、それで、「死者が少なかった」って言うけど、「料金が高いから、乗る人があまりおらんかった」っちゅうような話やないかな。だから、ちょっと、なんか違《ちが》うんやなあ。

私はねえ、別に、「人口と国富は必ず連動しとる」とは思わんのよ。人口が多くたって、貧しい国はいっぱいあるからねえ。「人口が多けりゃ、国富が増えて、人口が少なけりゃ、国富が減る」とは思わない。

日清《にっしん》戦争のころだって、中国の人口は、日本の十倍はあったわけや。日本が三、四千万人のころに、向こうは、三億人や四億人ぐらいいたので、やっぱり十倍だったわけや。だけど、戦ってみたら、全然、違った。それは技術力の差の問題やな。

「野田君、君はパナソニックを潰《つぶ》す気か!?」

松下幸之助　わしが野田君に一言《ひとこと》、言いたいのはな。まあ、「この法案を通して、歴史に名前を遺《のこ》したら、総理を辞《や》めるつもりでおるんやろう」と思うけどさあ。これ（本霊言《れいげん》）が本になって出るころには、総理でおるのかどうか知らんけど、「君、パナソニックを潰《つぶ》す気か⁉」って、一言、言うとかないかん。ほんまに潰れるでえ。分かっとりゃせんやろ？　たぶん、分かっとらんわ。そらあ、経営が分かっとらんからな。

君（野田氏）がやっとることはねえ、パナソニックを潰すことやで。これ、もうすぐ潰れるよ。ほんまに厳しいよ。

パナソニックも、チャンピオンだったソニーさんも、もう潰れるよ。もう、ソニーやパナソニックが潰れるとこまで来てるんだよ。もうちょっとで潰れるよ、これ。

家電なんていうのはシンプルだからねえ、今は、どんどんどんどん新興国がつくってる。人件費が違うから、日本の企業《きぎょう》は負けていってるわけよ。

韓国《かんこく》のサムスンなどに、ほとんどやられていて、家電の輸出国だった日本が、今、輸入国に変わってきてるわけや。いろんな電気製品や、あるいは、テレビとかもそうやけども、向こうは、賃金が日本の三分の一しかないからね。韓国のほうが安いのよ。

家電っていうのは、わりあい、つくりが簡単で、それほど高付加価値を生むもんじゃないから、単純な労働作業でつくれる。だから、賃金が三分の一のとこと競争して負けるわけや。

「安売りしよう」としたって、絶対に勝てない。家電は、ほとんどが賃金と原材料費だけで出来上がってるのでね。高級なコンピュータなんかとはちょっと違って、簡単なものでできてるから、負けるのよ。

もうすぐ、パナソニックもソニーも、あるいは、その近所の会社も、みんな潰れていくよ。

世界規模での経済不況《ふきょう》を引き起こす可能性も

松下幸之助　それから、流通業も同じや。

安売りの……、あそこ、なんや？　ユニクロさんも、世界企業を目指して、何兆円企業を目指して、えらい頑張《がんば》ってらっしゃるけどね。人件費が安い中国で生産して、安くできてたのが、今、中国の人件費が高騰《こうとう》中やから、経営危機が近づいてるんやけど、ここで消費税を上げられたら、あの会社の何十年計画は、もう、全然、大違いになってくるわなあ。

つまり、普通《ふつう》の会社と同じ競争をやらないかんようになってくるので、非常に厳しいことを意味してるわな。だから、「普通の会社と同じようになるまでの間に、会社の規模を大きくし、資金量を大きくして、ほかの会社を食えるようにしよう」としてるんだと思う。

柳井《やない》さん（柳井正氏《ただし》）は、すごく急いでると思うよ。たぶん、「早く大きくしてしまわないと、ユニクロが潰れてしまう」と考えてると思うんや。これは、絶対、食い合いになる。

そういう、ほかのとこでもできるようなものは、もう、みんな駄目《だめ》になる。家電の業界でも、「サムスンが強い」とか言ってるけど、単に安いだけでなくて、日本は研究開発のほうも、そうとう怠《おこた》っとったわな。そういうパイオニア精神が、かなり失われてきとった。かつてのアメリカの自動車工業みたいな感じに、今、なってきてる。

それから、「東南アジアに工場《こうじょう》をいっぱい移して、安くしよう」としてたけども、全部、中国にやられてきてるからね。つまり、日本企業が海外に工場を移転しても、そのへんを、中国のほうに、そうとう取られてきてるし、今度は、その中国もまた、潰れてきつつある。いやあ、世界的な規模での、そうとう大きな経済不況《ふきょう》を起こす可能性が出てきてると思うね。

ヨーロッパのほうも、基本的には、税収不足もあるけど、はっきり言やあ、失業問題が、ものすごく大きな問題だよね。それで、左翼《さよく》政権が多くなってきたこと等が、やっぱり大きな問題だし、「オバマさんが登場してから、世界が不況に突入《とつにゅう》した」っていうことは、ある意味で当たってる。大川さんは、そう言っていたのに、誰《だれ》も聞かなかったやろうけどね。

左翼っていうのは、必ず、そういうふうに潰すんや。資本主義の精神を、必ず潰す傾向《けいこう》があるんだよ。

日本は〝メイド・イン・チャイナ〟に席巻《せっけん》される

松下幸之助　だから、野田君に分かるように、一言、言うとすればね、彼がそこまで考えてるかどうか、私は知らんけど、「かつて、『松下電器』という名前で呼ばれ、今、『パナソニック』と呼ばれてる会社は、もうすぐ潰れますよ。その最後の引き金を引いたのは、君たちなんだよ」ということや。そういうことを、〝パナソニック政経塾《じゅく》〟の卒業生に、私は言《ゆ》うときたい。

日本は、ただでさえ、人件費が高騰してて、すでに国際競争に敗れてるんや。そのさなかに、さらに消費税を上げたら、もっと売れなくなるので、もう勝ち目がほとんどなくなってきますね。

もうすぐ、メイド・イン・チャイナとか、メイド・イン・インドとか、メイド・イン・フィリピンとか、そんなものばっかりになってくると思うよ。

資産家の財産を没収《ぼっしゅう》する流れが始まる

松下幸之助　「それじゃあ、日本の労働者たちは、いったいどこにシフトするのか」っちゅう問題があるけど、日本は、そこんところの対策を怠ってるわけなのよ。次の「生きる場所」の開発ができとらんのよね。
これらを全部、失業者として政府が保護することを、「社会福祉《ふくし》政策」って言ってるんやったら、それはもう、儲《もう》かっとるとこから金を取っていくしかないし、資産家が死んだら、その財産を、全部、没収《ぼっしゅう》していくしかない。そういう、「高収入の人から税金を取っていく」っていうスタイルになるわなあ。

かつて、ナチのユダヤ人狩《が》りのときに、ユダヤ人は金持ちやからさ、彼らが持ってる財産を、全部、没収したわけやけど、没収をかけたら文句を言うから、結局、皆殺《みなごろ》しにした。単にそういうことや。

ドイツは、第一次大戦で敗れて、すごい債務《さいむ》国、借金国になったわけだよね。その赤字財政を立て直すために、要するに、金のあるところから取ろうとした。「金のあるところ」ってどこかというと、一つは、ユダヤ人だったわけやな。あとは、間接税をいっぱい上げたわね。それと似たようなことを、これからやろうとしてるんでないかと思うんだな。

新聞やテレビ局などのマスコミも潰《つぶ》れていく

松下幸之助　だから、一言で言やあ、「君、パナソニックを潰《つぶ》す気か」っちゅうことや。

あとは、新聞とかテレビ局とかが、だいぶ政権の味方をしたようだけど、「言っとくけど、あんたがたも潰れますよ。それが分からんかったのは、あんたがたの無明《むみょう》でっせ」ということだね。これも言わないかん。

テレビなんかはさあ、「ＮＨＫ以外は受信料を取ってないから、別に関係ない」と思っとるかもしらんが、スポンサーのほうは、みな、コマーシャルを打たなくなる。まずは、コマーシャルの引き下げが始まる。そうすると、やっぱり社員のリストラと給料の圧縮が始まる。

新聞社も同じだわな。やっぱり、広告を打つ企業が減ってくるし、それから購読《こうどく》者が減ってくる。二紙取ってるとこは一紙に減らしてくるようになる。

こういうことがあるし、企業の生産がダウンしてくるから、おそらく、資金需要《じゅよう》もなくなってくるやろう。要するに、消費税を上げると、消費が減るので、生産をすると過剰《かじょう》在庫が生まれてくるわけや。そこで、企業は、「在庫を減らそう」と必ず考える。在庫を減らすためには、どうしたらいいかっていうと、工場を縮小し、稼動《かどう》日数や時間数を減らすことやね。そして、従業員も減らしていく。まあ、いいロボットでもできれば、ロボットに代替《だいたい》させていくかもしらんけれども、結局、生産量が落ちてくることになるわな。

「こうした労働人口を、いったいどこで吸収するのか」っちゅうことを考えないかんわな。

外国企業によるM&Aで経済的にも「日本占領《せんりょう》」される

松下幸之助　一言で言えば、体力の弱ってるとこから潰《つぶ》れていきますけども、大手も、もう潰れる寸前なんですよ。

あと十年も、もたないかもしれない。かつて、二〇〇〇年ごろに最先端《さいせんたん》と思われてたような企《き》業《ぎょう》が潰れる時代に入っていく。

JAL《ジャル》さんみたいなところは、五万人も従業員がいたから潰すことができずに、救済に入ったかもしらんけども、そのような、数万人から、十万人も二十万人もいるようなとこが潰れてきたら、「国家の救済」ったって、いくら税金を投入しても、もう倒産《とうさん》は止まらないよね。そういう失業者の問題がある。

そうなると、銀行は債権放棄《ほうき》をするだろ？　つまり、銀行の資産内容がさらに悪くなるから、国際基準から見て、融資《ゆうし》ができなくなってくるだろ？　そしたら、体力のないところ、担保のないところは、融資を受けられなくなって、運転資金がないために潰れていく。

そういうことで、「悪のスパイラル」っちゅうやつが起き始める。どんどん潰れ始めたら、もう止まらんようになっていくわけやな。

だから、「ＡＬＷＡＹＳ《オールウェイズ》　三丁目の夕日」かなんか知らんけど、おそらく、野田君の頭のなかにあるとおりの、昭和三十年代か四十年代ぐらいのころの日本に戻っていくんじゃないかなあ。東京タワーが建って、新幹線が走ったころのレベルというか、日本が戦後の荒廃《こうはい》期から高度成長期に入る前ぐらいのレベルに戻ろうとする感じやな。「そのへんの時代のほうが、幸福度が高かった」とか言い出して、洗脳するような感じになっていくかもしらんなあ。
今、政治的には、「日本占領《せんりょう》」って言われてるけど、次は、企業においても、外国企業に占領されるようになる。要するに、外国企業に、どんどんM&Aをされて、吸収されるかたちになっていくと思うな。
まあ、これが、近い未来、ここ五年、十年以内に起きることやな。

C——　ありがとうございます。野田首相には、今の幸之助先生のお言葉を、真摯《しんし》に受け止めていただきたいと思います。

松下幸之助　どうせ、「そのころには首相をやってないから、もう関係ねえ」

と思っとるんだよ。

C――　そうですね。次の首相になっているので……。

松下幸之助　まあ、誰かが「ババ」を引いてくれて、増税をやってくれればよかったんだろう。自民党の谷垣《たにがき》（谷垣禎一《さだかず》氏）は、自分がやらんで済んだから、「助かった」と思うとるんやろうけどさあ。

C――　そうですね。では、次の質問者に替《か》わります。

6 「増税後の不況《ふきょう》」を乗り切るために

「朝ご飯は抜《ぬ》きましょう」というような時代が来る？

松下幸之助　お嬢《じょう》さん、なんやねん。

D――　本日は、ありがとうございます。

松下幸之助　うん。

D――　先ほど、「マインドコントロール」（洗脳）の話が出ましたけれども、私自身が、普段《ふだん》、生活している実感としても、そのようなものを感じています。

例えば、昨年、東日本大震災《だいしんさい》があった影響《えいきょう》かもしれませんが、学生などの間にも、「ボランティアの一環《いっかん》として、増税の運動に携《たずさ》わらなければいけない」というような気分があるようです。

つまり、「困っている人がいるのだから、やはり、私たち一人ひとりが、増税に賛成しなければいけないよね」というような雰囲気《ふんいき》があって、国民全体を巻き込《こ》む思惑《おもわく》というか、マインドコントロールのようなものを感じるのです。

そこで、法案が通ってしまうのはしかたがありませんが、現実に消費税増税になった場合、私たち日本国民全員が、それをどのような心構えで乗り切っていけばよいのかを、お教えいただきたいと思います。

松下幸之助　うーん。まあ、「ご飯を一回抜《ぬ》くような感じになる」っちゅうことやろなあ。一食ぐらい抜かないかんような、「朝ご飯は抜きましょう」みたいな感じになるかもしらんね。

「会社に来るのは、午後だけで結構ですので」って言って、朝ご飯を抜いて、午後からやって来て、電気代が惜《お》しいから、あんまり長く働いてもらったら困るので、「早《はよ》う帰ってください」みたいな感じの時代になるかもしらんねえ。

電力だって、ある意味では、「産業の米《こめ》」なんだよ。鉄鋼だけじゃないんだ。電力も「産業の米」であって、電力の供給が止まったら、全産業が駄目《だめ》になるんだけど、電力のところも、今、民意を反映して、一生懸命《いっしょうけんめい》、電力を供給しにくくするように頑張《がんば》ってらっしゃるようだからね。

まあ、国民を政治や経済に巻き込むことで、実に責任を取らせやすい体質になろうな。「国民が賛成したんやから、ええやないか」ということになれば、責任を取る人がいなくなるからね。

そういう意味では、強い政治家がいなくてもいいんだろうけど、マスコミを煽《あお》って、国民のせいにしてしまえば、結局、責められる人が誰《だれ》もいなくなるわけや。国民が国民をギロチンにかけるわけにもいかないからね。ほんとは地獄《じごく》に堕《お》ちてるんだけど、基本的には、みんなで、「ここが天国なんだね」って言ってるような感じになるやろうねえ。

また、学生に関しては、「昔は、勤労学生が普通だったんだから、そういう学生の本分に立ち戻《もど》るべきだ」って言われるようになるやろうなあ。「親の脛《すね》をかじらずに、夜はアルバイトをするなり、昼間は働いて夜学《やがく》に通うなりするような時代もあったんや」みたいな話が美化されるようになってくるかもしれんなあ。

かつて松下電器には「二百五十年計画」があった

松下幸之助　結局、「坂の上の雲」やないけど、「坂の上に上り切った」と認識《にんしき》してる人が増えてきたんやないかなあ。だから、「峠《とうげ》の上に、さらに峠がある」っていうことを考えられないで、「このへんで、もうええかなあ」と思ったっちゅうことやなあ。

松下電器には、「二百五十年計画」っちゅうのがあったんやけどなあ。「江戸《えど》幕府の長さぐらいは頑張ろう」と思って、「二百五十年計画」をつくったんやけど、どうも、そこまでは行かんで終わりになるような感じやなあ。

さらなるビジョンを出せる人がいなければ、日本は峠《とうげ》を下る

松下幸之助　そうやねえ……。政局も、当然、乱れるから、これから先は、もう合従連衡《がっしょうれんこう》で、ろくにものが決められない状況になるわなあ。

復興増税ったってさあ、必要なのは、ほんとに十兆円か二十兆円の問題だったし、そのくらいは予算として持ってたのでね。にもかかわらず、一生懸命、それをないように見せて、税金を取るっていうのは、ちょっと子供みたいやなあ。子供みたいに、小遣《こづか》いを隠《かく》して、「お金がない」って言って、親にお金を

せびってるような感じに見えなくもないねえ。

とにかく、税収を増やすのはいいけども、「税金を取るために、税務署員をいっぱい雇《やと》って増やさなきゃいけない」という計画を立ててくるようだったら、この方向は間違《まちが》ってますよ。「税収を増やすために、税務署員を一万人増やす」とかね、こんなことを言ってくるようだったら、それは問題やと思うね。

やっぱり、税金はなるべくシンプルなほうがええよ。だから、「五パーセントを八パーセントに上げて、さらに、一年ちょっとで、またこれを十パーセントに上げる」とか、こんな、コチョコチョしたやり方はロスも大きいしね。

それに、これは、単にごまかしてるだけで、ほんとの狙《ねら》いはもうちょっと上だろうからね。今の政権担当者たちは、おそらく二十パーセントぐらいまで考えてるはずやけど、実際はもっと要《い》るはずや。「今、使ってる額をまかない、さらに今までの借金も返す」ということを考えれば、絶対に、もっと大きくなるわな。

いやあ、結局、「日本が峠《とうげ》を越《こ》えたかどうか」ということにかかってるんや。さらなるビジョンを出せる人がいなければ、「峠を下る」っていうことになるなあ。

大学からして、もう潰《つぶ》れかかってるやないか。あっちもこっちも、大学が潰れて売りに出されてる時代やし、教育が駄目だから、産業立国ができないようになって、国際競争力も落ちてきてるんやな。

だんだん店をたたんでいく寂《さみ》しさってのは、すごいもんだよ。私らは、あの昭和五年不況を経験してるからさあ。アメリカのウォールストリートの暴落から始まった昭和不況を経験してるから、もっとひどい時代を知ってるけれども、やっぱり、ときどき、そういうのを経験しないとおれないのかもしらんねえ。まあ、失業者たちは、「次は、自給自足をやろう」とか言うて、「荒《あ》れ果てた田畑を耕そう。青年たちは農村へ行こう」みたいな運動が起きるかもしれないねえ。ハハハ。

7 「日本が生き延びる方法」とは

アメリカ、日本、ヨーロッパの時代が終わろうとしているのか

A―― 今の質問の繰《く》り返しになるかもしれませんが、最後に、二点ほど、教えていただきたいと思います。

一つは、「この消費税増税以降の不況《ふきょう》に対して、生活者の観点から、どのように耐《た》え、どのようにして打ち勝っていけばよいのか」ということです。

もう一つは、「経営者の観点から、企業《きぎょう》は、どのように防衛していけばよい

のか」ということです。

この二点について、教えていただきたいと思います。この時代に、われわれは、どのようにして生き残っていくべきなのでしょうか。

松下幸之助　いやあ、何だか大きな話で、分かりにくいかもしらんけど、「今、アメリカ、日本、ヨーロッパの時代が終わろうとしているのかどうか」っていうことやな。

つまり、アメリカ、日本、ヨーロッパが、ここで踏《ふ》ん張れず、もう一段、踏み込《こ》めなかった場合には、「次に、韓国《かんこく》や中国、インド、ブラジルなど、そんな所に中心が移っていって、さらに次のとこに移っていく」という、国の栄枯《えいこ》盛衰《せいすい》が起きようとしてるっちゅうことやろうと思いますねえ。まあ、中国は、早くもかげってきてるけどね。

ただ、どうやろうねえ……。アメリカさんは、不景気になったら戦争を起こすから、戦争を欲しがるかもしらんけど、そうしたら、自動的に消費が増えるので、お金回りがよくなってくるんですけどねえ。

うーん、先かあ……。でも、もう家電の時代は終わったなあ。それに、ユニクロの安売りの時代も、もうすぐ終わるかどうかが迫《せま》ってきてると思う。

そうしたら、生活者は必ず財産防衛に入るからね。お金を、土地や建物に替《か》える。それから、ジュエリーとか、時計とか、金塊《きんかい》とか、ダイヤモンドとか、そのようなものにして逃《に》げる。そういうユダヤ人的な方法で、何とかして資産の防衛に入ろうとするだろうね。

でも、政府のほうは、さらにこれを巻き上げにくるはずなんですよ。税金がもっと欲しくなってくるのでね。だって、失業者だらけで、働いていない人ばっかり増えてくるからね。

外国の富裕《ふゆう》層が日本に移り住んでくれるような政策を

松下幸之助　そういう意味で、みんな、「世界のなかで、どの国が有利か」っていうことを見て、世界のあちこちで、いろんなかたちの脱出《だっしゅつ》劇が起きてくるやろうなあ。だから、「どこの国に逃げたらいいか」っていうことが、これからの流行《はや》りになるだろうなあ。

人が移っていくとこは、今後、よくなっていくとこだろうね。

今、中国では、カナダへの資本家の脱出が止まらない状態になってる。経済がクラッシュっていうか、潰《つぶ》れてきたので、いずれ、お金を持ってる人から財産を全部取り上げて、それをばら撒《ま》くのが分かってるから、もう逃げ出しに入ってる。次は、どこに逃げるかだな。

だから、日本が生き延びる方法としては、やっぱり、「外国の富裕《ふゆう》層が日本に移り住んでくれるような政策をとる」ということが、一つあると思うねえ。

そういう意味では、今まで、あんまり目が向いてなかったアラブ系、イスラム系なんかの石油財閥《ざいばつ》系の富豪《ふごう》にも、日本に来て住んでもらえるようなシステムにしたほうがええわな。そうしたほうが、石油の供給の面でもよろしいから、〝人質《ひとじち》〟は取っといたほうがいいと思う。

アラブの人は、日本にはほとんど住んでないやろうから、〝人質〟は取っといとったほうがええと思うなあ。

あとは、ユダヤ系の資本も日本には入ってこないわなあ。だから、今、香港《ホンコン》やシンガポールのほうに移っていった金融《きんゆう》の機能を、やっぱり取り戻《もど》さないとまずいと思いますね。あの機能をちょっと取り戻さないとあかんね。

それから、日本は、韓国にも経済的に攻《せ》められてるけども、韓国の大統領が、日本を一生懸命《いっしょうけんめい》に非難したりしてるのを見れば、「韓国の経済もかなり厳しいんだろうなあ」ということは分かるけどね。きっと、うまくいかなくて、ヒーヒー言ってるんやろうなあ。

国家の運営には、やはり「哲学《てつがく》」が要《い》る

松下幸之助　これから、国際的な競争が激しくなって、ちょっと「乱世」に入

っていくけども、基本的には、やっぱり哲学《てつがく》が大事やなあ。哲学って言うたら難しいけど、要するに、「ものの見方・考え方」や。

つまり、「どういうふうに国を運営するのか。どういうふうに国民を導いていくのか。あるいは、経営の未来はどうあるべきか」。こういう考え方が先にあって、みんなが、それについていかないかんわけや。

それを、何て言うか、下のほうから揺《ゆ》さぶって壊《こわ》すような、天邪鬼《あまのじゃく》みたいな人の意見だけで、国家の運営や経済を引きずり回されないようにしないといかんわな。

今、「官僚《かんりょう》から政治家へ」と言って、主導権を政治家に移動しようとしたけど、失敗して、また「官」に戻った。それを、もう一回、民間に戻さないといかんと思うな。昔は、「経済一流、政治三流」と言われてた時代やったけどね。

ちょっと民間に戻さないといかんわなあ。

マスコミの封殺《ふうさつ》に負けずに「未来産業のあり方」を発信せよ

松下幸之助　それと、君らには、やっぱり、もうちょっと頑張《がんば》ってほしいなあ。政治的発言力を、マスコミから一生懸命に封殺《ふうさつ》されてるんやろうと思うけども、宗教だろうが何だろうが、意見は自由に言わさないかんし、「いい」と思ったら採り上げなきゃいけないんだよ。そういう透明《とうめい》性がない国家はあかんよ。偏見《へんけん》に満ちてるな。

すでにマスコミは、いわゆるマスコミではなくなってる。もう国の飼い犬みたいになってて、本来の機能を果たしてない。

「増税に反対しないマスコミ」っちゅうのは、基本的には、もうマスコミじゃないよ。もはや、それは、政府に媚《こび》を売って情報を取り、それを売ってるだけの商売人だわな。

政府筋から情報を仕入れて、それを卸《おろ》し、国民に売ってる。まあ、それだけの機能や。たぶん、こういう情報の問屋《とんや》さんは、今のインターネット社会では、もうすぐ潰される時代に入ると思うよ。情報の問屋は生きていけないので、おそらく潰れる。パナソニックと一緒に、〝あの世行き〟だと、わしゃあ、思うね。

やっぱり、希望は君たちにあると思う。だから、「未来産業のあり方」を、もっともっと言わなあかん。未来産業のあり方にかかっとると思いますね。

「防衛」と「増税」を結びつけられないように気をつけよ

松下幸之助　それと、防衛の問題も出てくるんやろうけどさ。幸福実現党は防衛の必要性を言うとるんやろう。

でも、そうなると、政府は、「防衛が必要だから、増税しなきゃいかん」っていう理屈《りくつ》をすぐ持ってくる。明治以降、そんな気《け》はあるけども、アメリカの共和党を見たら分かるように、彼らは、そういう考えを持っていないんや。

共和党のほうは、民主党に比べて、軍事的な面では、「正義が世界を支配すべきだ」みたいな感じでやっとるけども、「小さな政府」を目指してて、「戦いのための増税なんか考えずに、ほかの無駄《むだ》なところを省《はぶ》いて、大事なところを押《お》さえる」っていう考え方なんだな。

つまり、「防衛をするから、増税しなきゃいかん」っていう考えは、基本的には間違《まちが》いなんですよ。

彼ら（共和党）は、「自分たちの生活は、自分たちで守りなさい」っていう、自立の思想でやってて、「個人ではできないような、防衛とか、そういう公的なものに関しては、国が受けて立つ」という考えなんだよね。

だから、今後、防衛の問題が出てくると思うけれども、これを、また、すぐに増税に結びつけられないように、気をつけたほうがええと思うなあ。

宗教・教育・芸術などの「ソフト産業」や航空・宇宙・海底資源開発などの「未来産業」の強化を

松下幸之助　とにかく、「失業者をいっぱい出しておいて、増税をかける」っちゅうのはあかんと私は思うね。そうじゃなくて、みんなに仕事をつくってやらないかん。数多くの仕事をつくってくれる人、要するに、しっかり収入をあげて、税金をたくさん納めてくれる人を、やっぱり大事にしなきゃいけないね。

そういう人たちを悪人扱《あつか》いしたり、週刊誌等が、一生懸命に、そんな人たちの悪口を書いて足を引っ張ったりするような世の中が続くようだったら、やっぱり、「みんな地獄《じごく》に堕《お》ちていく」っていう感じはするなあ。

まあ、「繁栄《はんえい》」とか「発展」とか言うと、きれいごとを言ってるように見えるほど、心がいじけてきてる人も多いんやろうと思うけど、日本には、まだ可能性はあるよ。

特に、ソフト産業系とか、そういうもんには可能性があると思うね。

宗教も、ソフト産業かもしれないけども、教育もソフト産業だし、それから、映画とか、アニメとか、そういう芸術系もそうだしね。ソフト産業系は、知恵《ちえ》を凝縮《ぎょうしゅく》することで、まだまだ、ほかの国の追随《ついずい》を許さないところまで行けるマーケットを持ってるので、そこをやらなきゃいけない。

それから、やっぱり、日本の産業で弱いとこを強化していくことが大事かなあ。特に、航空機産業や宇宙産業系統だね。あるいは、メタンハイドレートかなんかが出るそうだから、そういう海底資源を採掘《さいくつ》する技術は要《い》ると思うなあ。

反原発運動は、時代の逆行にすぎない

松下幸之助　だから、原発反対運動は分かるけど、なんか、「自然に帰れ」現

象みたいにならへんかどうか、もう心配でしょうがないわなあ。結局、あれを言うてる人は、昔、屋上に湯沸《ゆわ》かし器《き》じゃない、何？　あれ、何ちゅうんや？

A――　ソーラーパネルですか。

松下幸之助　ああ、ソーラーパネルっちゅうんか。よう知らんが、「これを屋根の上に付けといたら、日中、陽《ひ》が当たって、あったまって、お湯を沸《わ》かす電力が安《やす》うて済みますよ」みたいな、まあ、端的《たんてき》に言やあ、ああいうようなことなんじゃないかなあと思うのよ。

だけど、大規模な産業を経験した人はね、「そんなのはあかん」ということが、もうだいたい分かるよ。そんなんじゃ無理だよ。大規模な産業需要《じゅよう》をまかなうことはできないし、天候とか、そういう自然現象に頼《たよ》りすぎるのは、やっぱり危険度が高いわな。

私は、そういうふうに思う。そんなものはきれいごとであって、〝飾《かざ》り〟や〝遊び〟としてはあってもええんかもしらんけど、そんなに大きな産業になるとは思いませんね。

だって、もっとエネルギー効率のいいものがすでにあるのに、「悪いもののほうに移行しようとしてる」っていうのは、やっぱり逆行だよ。そういう〝遊び〟はあってもいいけども、それが全部通るんなら、無為《むい》自然の老荘《ろうそう》思想が国教になるやろな。そんな感じがするなあ。

努力の教えが消えて、「みんな、無為自然の道を歩んで、何もしないのがいちばんの幸福だ」という世界になって、「椰子《やし》の実が落ちてくるのを待ってて、落ちてきたら、それにストローを刺《さ》して飲んでるような生活が幸福だ」みたいな感じになるかな。

数万から数十万の雇用《こよう》を生む「未来の産業家」を百人輩出《はいしゅつ》せよ

松下幸之助　わしは、やっぱり、「汗《あせ》を流すなかから知恵を生み出し、そして、大きなものをつくっていく」というのがええと思うなあ。最初は、小さなものや、ちょっとしたアイデアから始まるけどもね。

例えば、二股《ふたまた》ソケットのアイデアとかもそうやし、たばこを買い置きしといて、「まとめて買ってくれたら安うしますよ」みたいな感じで多めに売るとかな。

まあ、ちっちゃなことやけど、そんなアイデアを経験した人から、だんだん大《お》っきなアイデアが生まれてきて、産業がつくられていくわけやな。やっぱり、そういう企業家をつくっていくことがいちばん大事や。企業家の輩出《はいしゅつ》だよ。

要するに、これから新しく大企業をつくっていくような人を百人つくったら、少なくとも、雇用《こよう》の問題は解決する。かつての私たちがやったように、数万から数十万の雇用を生むような企業家を百人ぐらい創出したら、日本の未来産業の部分は解決していくと思うなあ。

このへんのところを守らないといけないよね。

これは、もう、あんまり政府に頼らないほうがいいかもしれない。だから、教育の問題かもしれない。あんたらは、大学をやろうとしてるんだろう？　そこで、そういう「未来の産業家」をつくったらええんだよ。そうやって、ちゃんと教えてやりゃあ、そうなっていくからね。

野田政権への「けじめ」をつけた松下幸之助霊《れい》

A――　はい。では、そろそろお時間となりましたので……。

松下幸之助　ああ、そうですか。

A――　本日は、本当にありがとうございました。

松下幸之助　いや、どうも。

大川隆法　（松下幸之助に）ご苦労様でございました。

まあ、言いにくい話題だったかもしれませんが、やはり、「けじめ」としては必要だったでしょう。野田政権の出発点でも、一回、霊言《れいげん》を収録しましたのでね。

もう政権の終わりは近いと思います。今国会中か、年末までかは知りませんが、いずれ近いうちに選挙でしょうから、「けじめ」をつけなければいけないと思います。「恩師の言葉は、こうだった」ということですね。

Ａ――　はい。

大川隆法　政党（幸福実現党）のほうにも、何か参考になるところがあると思います。

A――　はい。ありがとうございました。

大川隆法　ありがとうございました。

あとがき

私は、野田総理は、鳩山さんや菅さんに比べれば、ずっとましな総理だと思っている。それは、昨日八月十五日、尖閣諸島に上陸した中国人たちを、海上保安庁が迷わず逮捕《たいほ》したことからも判《わか》る。

しかし、消費税増税は、国民をマニフェストでだまして、強行突破したように見え、選挙民の理解を十分に得られてはいないと思う。八月十日夜七時のNHKニュースは、『8％』『10％』の増税が決まったのを報道すると同時に、「これではまだ税収不足なので『16％』必要」と即座《そくざ》に続けた。政府のマスコミへの根回しは周到《しゅうとう》である。本書で幸之助氏は、消費税は『50％』まで上げないと社会保障との一体化は無理と述べているが、ＰＨＰ系の雑誌は、「消費税は80％まで行く」と警告している。

どこかに嘘がある。正直に議論してはどうか。

われわれにできることは、新しい企業家を輩出《はいしゅつ》させ、雇用を生んでいくことだろう。経営者の読者よ、共に努力していこう。

二〇一二年　八月十六日

幸福《こうふく》の科学《かがく》グループ創始者兼総裁《そうししゃけんそうさい》　大川隆法《おおかわりゅうほう》

『松下幸之助の未来経済リーディング』大川隆法著作関連書籍

『松下幸之助 日本を叱る』（幸福の科学出版刊）

『沈みゆく日本をどう救うか』（幸福実現党刊）

『財務省のスピリチュアル診断』（同右）

松下幸之助《まつしたこうのすけ》の未来経済《みらいけいざい》リーディング

──消費税増税と日本経済──

2012年9月7日　初版第1刷

著　者　　大《おお》川《かわ》隆《りゅう》法《ほう》

発行所　　幸福の科学出版株式会社

〒107-0052 東京都港区赤坂2丁目10番14号
TEL(03)5573-7700
http://www.irhpress.co.jp/

印刷・製本　株式会社 堀内印刷所

落丁・乱丁本はおとりかえいたします

ISBN978-4-86395-225-6 C0030

Illustration: 水谷嘉孝

幸福の科学グループのご案内

宗教、教育、政治、出版などの活動を通じて、地球的ユートピアの実現を目指しています。

宗教法人　幸福の科学

一九八六年に立宗。一九九一年に宗教法人格を取得。信仰の対象は、地球系霊団の最高大霊、主エル・カンターレ。世界百カ国に迫る国々に信者を持ち、全人類救済という尊い使命のもと、信者は、「愛」と「悟り」と「ユートピア建設」の教えの実践、伝道に励んでいます。

（二〇一二年八月現在）

公式サイト
http://www.happy-science.jp/

愛

幸福の科学の「愛」とは、与える愛です。これは、仏教の慈悲《じひ》や布施《ふせ》の精神と同じことです。信者は、仏法真理をお伝えすることを通して、多くの方に幸福な人生を送っていただくための活動に励んでいます。

悟り

「悟り」とは、自らが仏の子であることを知るということです。教学《きょうがく》や精神統一によって心を磨き、智慧《ちえ》を得て悩みを解決すると共に、天使・菩薩《ぼさつ》の境地を目指し、より多くの人を救える力を身につけていきます。

ユートピア建設

私たち人間は、地上に理想世界を建設するという尊い使命を持って生まれてきています。社会の悪を押しとどめ、善を推し進めるために、信者はさまざまな活動に積極的に参加しています。

国内外の世界で貧困や災害、心の病で苦しんでいる人々に対しては、現地メンバーや支援団体と連携して、物心両面に渡り、あらゆる手段で手を差し伸べています。

年間３万人を超える自殺者を減らすため、全国各地で街頭キャンペーンを展開しています。

公式サイト
http://www.withyou-hs.net/

ヘレン・ケラーを理想として活動する、ハンディキャップを持つ方とボランティアの会です。視聴覚障害者、肢体不自由な方々に仏法真理を学んでいただくための、さまざまなサポートをしています。

公式サイト
http://www.helen-hs.net/

教育

学校法人 幸福の科学学園

幸福の科学学園中学校・高等学校は、幸福の科学の教育理念のもとにつくられた学校です。人間にとって最も大切な宗教教育の導入を通じて精神性を高めながら、ユートピア建設に貢献する人材輩出を目指しています。

幸福の科学学園
中学校・高等学校（男女共学・全寮制）
2010年4月開校・栃木県那須郡

TEL 0287-75-7777
公式サイト
http://www.happy-science.ac.jp/

関西校（2013年4月開校予定・滋賀県）
幸福の科学大学（2015年開学予定）

仏法真理塾「サクセスNo.1」

小・中・高校生が、信仰教育を基礎にしながら、「勉強も『心の修行』」と考えて学んでいます。

TEL 03-5750-0747（東京本校）

心の面からのアプローチを重視して、不登校の子供たちを支援しています。また、障害児支援の「**ユー・アー・エンゼル!**」運動も行っています。

不登校児支援スクール「ネバー・マインド」

幼少時からの心の教育を大切にして、信仰をベースにした幼児教育を行っています。

エンゼルプランV

NPO
活動支援

学校からのいじめ追放を目指し、さまざまな社会提言をしています。また、各地でのシンポジウムや学校への啓発ポスター掲示等に取り組むNPO「いじめから子供を守ろう！ネットワーク」を支援しています。

公式サイト **http://mamoro.org/**

ブログ **http://mamoro.blog86.fc2.com/**

相談窓口 TEL.03-5719-2170

政治

幸福実現党

内《ない》憂《ゆう》外《がい》患《かん》の国難に立ち向かうべく、二〇〇九年五月に幸福実現党を立党しました。創立者である大川隆法党名誉総裁の精神的指導のもと、宗教だけでは解決できない問題に取り組み、幸福を具体化するための力になっています。

党員の機関紙
「幸福実現News」

TEL 03-6441-0754
公式サイト
http://www.hr-party.jp/

出版メディア事業

幸福の科学出版

大川隆法総裁の仏法真理の書を中心に、ビジネス、自己啓発、小説など、さまざまなジャンルの書籍・雑誌を出版しています。他にも、映画事業、文学・学術発展のための振興事業、テレビ・ラジオ番組の提供など、幸福の科学文化を広げる事業を行っています。

TEL 03-5573-7700
公式サイト
http://www.irhpress.co.jp/